J'appartiens à

_____

_____

_____

_____

Conseils choix mot de passe (Mdp)

- Vérifier sur le site « **Have I been pawned** », si vos identifiants n'ont pas déjà été hacké

- **Eviter les combinaisons suivantes** :
    - 12345, qwerty, password, 11111, etc...
    - les prénoms, date anniversaire, etc..
    - les équipes sportives
    - les personnalités

- **Réflexe à avoir** :
    - un mdp différent par site web
    - changer de mdp tous les 3 mois
    - faire des mdp longs : 12 charactères minimum avec une majuscule, un chiffre et un caractère spécial

- **Idées pour un excellent mdp :**
    - **la méthode phonétique :** « J'ai acheté huit cd pour cent euros cet après-midi » deviendra *ght8CD%E7am*
    - **la méthode des premières lettres :** la citation « un tien vaut mieux que deux tu l'auras » donnera *1tvmQ2tl'A.*
    - **la méthode du bloc + lettres site** :
        - pour Amazon : *12&D'dp-amz*
        - Pour LinkedIn : *12&D'dp-lin*

- **Ne communiquez jamais** vos identifiants à quiconque

L'humain est à **90% le point faible** de la cyber-sécurité

Répertoire

A	4-7
B	8-11
C	12-15
D	16-19
E	20-23
F	24-27
G	28-31
H	32-35
I	36-39
J	40-43
K	44-47
L	48-51
M	52-55
N	56-59
O	60-63
P	64-67
Q	68-71
R	72-75
S	76-79
T	80-83
U	84-87
V	88-91
W	92-95
X	96-99
Y	100-103
Z	104-107

A

Site web :

Adresse web :

Identifiant :

Mot de passe :

Question secrète :

Notes :

Site web :

Adresse web :

Identifiant :

Mot de passe :

Question secrète :

Notes :

Site web :

Adresse web :

Identifiant :

Mot de passe :

Question secrète :

Notes :

A

Site web :

Adresse web :

Identifiant :

Mot de passe :

Question secrète :

Notes :

Site web :

Adresse web :

Identifiant :

Mot de passe :

Question secrète :

Notes :

Site web :

Adresse web :

Identifiant :

Mot de passe :

Question secrète :

Notes :

A

Site web :

Adresse web :

Identifiant :

Mot de passe :

Question secrète :

Notes :

Site web :

Adresse web :

Identifiant :

Mot de passe :

Question secrète :

Notes :

Site web :

Adresse web :

Identifiant :

Mot de passe :

Question secrète :

Notes :

A

Site web :

Adresse web :

Identifiant :

Mot de passe :

Question secrète :

Notes :

Site web :

Adresse web :

Identifiant :

Mot de passe :

Question secrète :

Notes :

Site web :

Adresse web :

Identifiant :

Mot de passe :

Question secrète :

Notes :

B

Site web :

Adresse web :

Identifiant :

Mot de passe :

Question secrète :

Notes :

Site web :

Adresse web :

Identifiant :

Mot de passe :

Question secrète :

Notes :

Site web :

Adresse web :

Identifiant :

Mot de passe :

Question secrète :

Notes :

B

Site web :

Adresse web :

Identifiant :

Mot de passe :

Question secrète :

Notes :

Site web :

Adresse web :

Identifiant :

Mot de passe :

Question secrète :

Notes :

Site web :

Adresse web :

Identifiant :

Mot de passe :

Question secrète :

Notes :

B

Site web :

Adresse web :

Identifiant :

Mot de passe :

Question secrète :

Notes :

Site web :

Adresse web :

Identifiant :

Mot de passe :

Question secrète :

Notes :

Site web :

Adresse web :

Identifiant :

Mot de passe :

Question secrète :

Notes :

B

Site web :

Adresse web :

Identifiant :

Mot de passe :

Question secrète :

Notes :

Site web :

Adresse web :

Identifiant :

Mot de passe :

Question secrète :

Notes :

Site web :

Adresse web :

Identifiant :

Mot de passe :

Question secrète :

Notes :

C

Site web :

Adresse web :

Identifiant :

Mot de passe :

Question secrète :

Notes :

Site web :

Adresse web :

Identifiant :

Mot de passe :

Question secrète :

Notes :

Site web :

Adresse web :

Identifiant :

Mot de passe :

Question secrète :

Notes :

C

Site web :

Adresse web :

Identifiant :

Mot de passe :

Question secrète :

Notes :

Site web :

Adresse web :

Identifiant :

Mot de passe :

Question secrète :

Notes :

Site web :

Adresse web :

Identifiant :

Mot de passe :

Question secrète :

Notes :

C

Site web :

Adresse web :

Identifiant :

Mot de passe :

Question secrète :

Notes :

Site web :

Adresse web :

Identifiant :

Mot de passe :

Question secrète :

Notes :

Site web :

Adresse web :

Identifiant :

Mot de passe :

Question secrète :

Notes :

C

Site web :

Adresse web :

Identifiant :

Mot de passe :

Question secrète :

Notes :

Site web :

Adresse web :

Identifiant :

Mot de passe :

Question secrète :

Notes :

Site web :

Adresse web :

Identifiant :

Mot de passe :

Question secrète :

Notes :

D

Site web :

Adresse web :

Identifiant :

Mot de passe :

Question secrète :

Notes :

Site web :

Adresse web :

Identifiant :

Mot de passe :

Question secrète :

Notes :

Site web :

Adresse web :

Identifiant :

Mot de passe :

Question secrète :

Notes :

D

Site web :

Adresse web :

Identifiant :

Mot de passe :

Question secrète :

Notes :

Site web :

Adresse web :

Identifiant :

Mot de passe :

Question secrète :

Notes :

Site web :

Adresse web :

Identifiant :

Mot de passe :

Question secrète :

Notes :

D

Site web :

Adresse web :

Identifiant :

Mot de passe :

Question secrète :

Notes :

Site web :

Adresse web :

Identifiant :

Mot de passe :

Question secrète :

Notes :

Site web :

Adresse web :

Identifiant :

Mot de passe :

Question secrète :

Notes :

D

Site web :

Adresse web :

Identifiant :

Mot de passe :

Question secrète :

Notes :

Site web :

Adresse web :

Identifiant :

Mot de passe :

Question secrète :

Notes :

Site web :

Adresse web :

Identifiant :

Mot de passe :

Question secrète :

Notes :

E

Site web :

Adresse web :

Identifiant :

Mot de passe :

Question secrète :

Notes :

Site web :

Adresse web :

Identifiant :

Mot de passe :

Question secrète :

Notes :

Site web :

Adresse web :

Identifiant :

Mot de passe :

Question secrète :

Notes :

E

Site web :

Adresse web :

Identifiant :

Mot de passe :

Question secrète :

Notes :

Site web :

Adresse web :

Identifiant :

Mot de passe :

Question secrète :

Notes :

Site web :

Adresse web :

Identifiant :

Mot de passe :

Question secrète :

Notes :

Site web :

Adresse web :

Identifiant :

Mot de passe :

Question secrète :

Notes :

Site web :

Adresse web :

Identifiant :

Mot de passe :

Question secrète :

Notes :

Site web :

Adresse web :

Identifiant :

Mot de passe :

Question secrète :

Notes :

E

Site web :

Adresse web :

Identifiant :

Mot de passe :

Question secrète :

Notes :

Site web :

Adresse web :

Identifiant :

Mot de passe :

Question secrète :

Notes :

Site web :

Adresse web :

Identifiant :

Mot de passe :

Question secrète :

Notes :

F

Site web :

Adresse web :

Identifiant :

Mot de passe :

Question secrète :

Notes :

Site web :

Adresse web :

Identifiant :

Mot de passe :

Question secrète :

Notes :

Site web :

Adresse web :

Identifiant :

Mot de passe :

Question secrète :

Notes :

F

Site web :

Adresse web :

Identifiant :

Mot de passe :

Question secrète :

Notes :

Site web :

Adresse web :

Identifiant :

Mot de passe :

Question secrète :

Notes :

Site web :

Adresse web :

Identifiant :

Mot de passe :

Question secrète :

Notes :

F

Site web :

Adresse web :

Identifiant :

Mot de passe :

Question secrète :

Notes :

Site web :

Adresse web :

Identifiant :

Mot de passe :

Question secrète :

Notes :

Site web :

Adresse web :

Identifiant :

Mot de passe :

Question secrète :

Notes :

F

Site web :

Adresse web :

Identifiant :

Mot de passe :

Question secrète :

Notes :

Site web :

Adresse web :

Identifiant :

Mot de passe :

Question secrète :

Notes :

Site web :

Adresse web :

Identifiant :

Mot de passe :

Question secrète :

Notes :

G

Site web :

Adresse web :

Identifiant :

Mot de passe :

Question secrète :

Notes :

Site web :

Adresse web :

Identifiant :

Mot de passe :

Question secrète :

Notes :

Site web :

Adresse web :

Identifiant :

Mot de passe :

Question secrète :

Notes :

G

Site web :

Adresse web :

Identifiant :

Mot de passe :

Question secrète :

Notes :

Site web :

Adresse web :

Identifiant :

Mot de passe :

Question secrète :

Notes :

Site web :

Adresse web :

Identifiant :

Mot de passe :

Question secrète :

Notes :

G

Site web :

Adresse web :

Identifiant :

Mot de passe :

Question secrète :

Notes :

Site web :

Adresse web :

Identifiant :

Mot de passe :

Question secrète :

Notes :

Site web :

Adresse web :

Identifiant :

Mot de passe :

Question secrète :

Notes :

G

Site web :

Adresse web :

Identifiant :

Mot de passe :

Question secrète :

Notes :

Site web :

Adresse web :

Identifiant :

Mot de passe :

Question secrète :

Notes :

Site web :

Adresse web :

Identifiant :

Mot de passe :

Question secrète :

Notes :

H

Site web :

Adresse web :

Identifiant :

Mot de passe :

Question secrète :

Notes :

Site web :

Adresse web :

Identifiant :

Mot de passe :

Question secrète :

Notes :

Site web :

Adresse web :

Identifiant :

Mot de passe :

Question secrète :

Notes :

Site web :

Adresse web :

Identifiant :

Mot de passe :

Question secrète :

Notes :

Site web :

Adresse web :

Identifiant :

Mot de passe :

Question secrète :

Notes :

Site web :

Adresse web :

Identifiant :

Mot de passe :

Question secrète :

Notes :

H

Site web :

Adresse web :

Identifiant :

Mot de passe :

Question secrète :

Notes :

Site web :

Adresse web :

Identifiant :

Mot de passe :

Question secrète :

Notes :

Site web :

Adresse web :

Identifiant :

Mot de passe :

Question secrète :

Notes :

Site web :

Adresse web :

Identifiant :

Mot de passe :

Question secrète :

Notes :

Site web :

Adresse web :

Identifiant :

Mot de passe :

Question secrète :

Notes :

Site web :

Adresse web :

Identifiant :

Mot de passe :

Question secrète :

Notes :

Site web :

Adresse web :

Identifiant :

Mot de passe :

Question secrète :

Notes :

Site web :

Adresse web :

Identifiant :

Mot de passe :

Question secrète :

Notes :

Site web :

Adresse web :

Identifiant :

Mot de passe :

Question secrète :

Notes :

Site web :

Adresse web :

Identifiant :

Mot de passe :

Question secrète :

Notes :

Site web :

Adresse web :

Identifiant :

Mot de passe :

Question secrète :

Notes :

Site web :

Adresse web :

Identifiant :

Mot de passe :

Question secrète :

Notes :

Site web :

Adresse web :

Identifiant :

Mot de passe :

Question secrète :

Notes :

Site web :

Adresse web :

Identifiant :

Mot de passe :

Question secrète :

Notes :

Site web :

Adresse web :

Identifiant :

Mot de passe :

Question secrète :

Notes :

Site web :

Adresse web :

Identifiant :

Mot de passe :

Question secrète :

Notes :

Site web :

Adresse web :

Identifiant :

Mot de passe :

Question secrète :

Notes :

Site web :

Adresse web :

Identifiant :

Mot de passe :

Question secrète :

Notes :

Site web :

Adresse web :

Identifiant :

Mot de passe :

Question secrète :

Notes :

Site web :

Adresse web :

Identifiant :

Mot de passe :

Question secrète :

Notes :

Site web :

Adresse web :

Identifiant :

Mot de passe :

Question secrète :

Notes :

Site web :

Adresse web :

Identifiant :

Mot de passe :

Question secrète :

Notes :

Site web :

Adresse web :

Identifiant :

Mot de passe :

Question secrète :

Notes :

Site web :

Adresse web :

Identifiant :

Mot de passe :

Question secrète :

Notes :

J

Site web :

Adresse web :

Identifiant :

Mot de passe :

Question secrète :

Notes :

Site web :

Adresse web :

Identifiant :

Mot de passe :

Question secrète :

Notes :

Site web :

Adresse web :

Identifiant :

Mot de passe :

Question secrète :

Notes :

J

Site web :

Adresse web :

Identifiant :

Mot de passe :

Question secrète :

Notes :

Site web :

Adresse web :

Identifiant :

Mot de passe :

Question secrète :

Notes :

Site web :

Adresse web :

Identifiant :

Mot de passe :

Question secrète :

Notes :

K

Site web :

Adresse web :

Identifiant :

Mot de passe :

Question secrète :

Notes :

Site web :

Adresse web :

Identifiant :

Mot de passe :

Question secrète :

Notes :

Site web :

Adresse web :

Identifiant :

Mot de passe :

Question secrète :

Notes :

Site web :

Adresse web :

Identifiant :

Mot de passe :

Question secrète :

Notes :

Site web :

Adresse web :

Identifiant :

Mot de passe :

Question secrète :

Notes :

Site web :

Adresse web :

Identifiant :

Mot de passe :

Question secrète :

Notes :

K

Site web :

Adresse web :

Identifiant :

Mot de passe :

Question secrète :

Notes :

Site web :

Adresse web :

Identifiant :

Mot de passe :

Question secrète :

Notes :

Site web :

Adresse web :

Identifiant :

Mot de passe :

Question secrète :

Notes :

K

Site web :

Adresse web :

Identifiant :

Mot de passe :

Question secrète :

Notes :

Site web :

Adresse web :

Identifiant :

Mot de passe :

Question secrète :

Notes :

Site web :

Adresse web :

Identifiant :

Mot de passe :

Question secrète :

Notes :

L

Site web :

Adresse web :

Identifiant :

Mot de passe :

Question secrète :

Notes :

Site web :

Adresse web :

Identifiant :

Mot de passe :

Question secrète :

Notes :

Site web :

Adresse web :

Identifiant :

Mot de passe :

Question secrète :

Notes :

L

Site web :

Adresse web :

Identifiant :

Mot de passe :

Question secrète :

Notes :

Site web :

Adresse web :

Identifiant :

Mot de passe :

Question secrète :

Notes :

Site web :

Adresse web :

Identifiant :

Mot de passe :

Question secrète :

Notes :

L

Site web :

Adresse web :

Identifiant :

Mot de passe :

Question secrète :

Notes :

Site web :

Adresse web :

Identifiant :

Mot de passe :

Question secrète :

Notes :

Site web :

Adresse web :

Identifiant :

Mot de passe :

Question secrète :

Notes :

L

Site web :

Adresse web :

Identifiant :

Mot de passe :

Question secrète :

Notes :

Site web :

Adresse web :

Identifiant :

Mot de passe :

Question secrète :

Notes :

Site web :

Adresse web :

Identifiant :

Mot de passe :

Question secrète :

Notes :

M

Site web :

Adresse web :

Identifiant :

Mot de passe :

Question secrète :

Notes :

Site web :

Adresse web :

Identifiant :

Mot de passe :

Question secrète :

Notes :

Site web :

Adresse web :

Identifiant :

Mot de passe :

Question secrète :

Notes :

Site web :

Adresse web :

Identifiant :

Mot de passe :

Question secrète :

Notes :

Site web :

Adresse web :

Identifiant :

Mot de passe :

Question secrète :

Notes :

Site web :

Adresse web :

Identifiant :

Mot de passe :

Question secrète :

Notes :

M

Site web :

Adresse web :

Identifiant :

Mot de passe :

Question secrète :

Notes :

Site web :

Adresse web :

Identifiant :

Mot de passe :

Question secrète :

Notes :

Site web :

Adresse web :

Identifiant :

Mot de passe :

Question secrète :

Notes :

Site web :

Adresse web :

Identifiant :

Mot de passe :

Question secrète :

Notes :

Site web :

Adresse web :

Identifiant :

Mot de passe :

Question secrète :

Notes :

Site web :

Adresse web :

Identifiant :

Mot de passe :

Question secrète :

Notes :

N

Site web :

Adresse web :

Identifiant :

Mot de passe :

Question secrète :

Notes :

Site web :

Adresse web :

Identifiant :

Mot de passe :

Question secrète :

Notes :

Site web :

Adresse web :

Identifiant :

Mot de passe :

Question secrète :

Notes :

Site web :

Adresse web :

Identifiant :

Mot de passe :

Question secrète :

Notes :

Site web :

Adresse web :

Identifiant :

Mot de passe :

Question secrète :

Notes :

Site web :

Adresse web :

Identifiant :

Mot de passe :

Question secrète :

Notes :

N

Site web :

Adresse web :

Identifiant :

Mot de passe :

Question secrète :

Notes :

Site web :

Adresse web :

Identifiant :

Mot de passe :

Question secrète :

Notes :

Site web :

Adresse web :

Identifiant :

Mot de passe :

Question secrète :

Notes :

N

Site web :

Adresse web :

Identifiant :

Mot de passe :

Question secrète :

Notes :

Site web :

Adresse web :

Identifiant :

Mot de passe :

Question secrète :

Notes :

Site web :

Adresse web :

Identifiant :

Mot de passe :

Question secrète :

Notes :

Site web :

Adresse web :

Identifiant :

Mot de passe :

Question secrète :

Notes :

Site web :

Adresse web :

Identifiant :

Mot de passe :

Question secrète :

Notes :

Site web :

Adresse web :

Identifiant :

Mot de passe :

Question secrète :

Notes :

Site web :

Adresse web :

Identifiant :

Mot de passe :

Question secrète :

Notes :

Site web :

Adresse web :

Identifiant :

Mot de passe :

Question secrète :

Notes :

Site web :

Adresse web :

Identifiant :

Mot de passe :

Question secrète :

Notes :

Site web :

Adresse web :

Identifiant :

Mot de passe :

Question secrète :

Notes :

Site web :

Adresse web :

Identifiant :

Mot de passe :

Question secrète :

Notes :

Site web :

Adresse web :

Identifiant :

Mot de passe :

Question secrète :

Notes :

Site web :

Adresse web :

Identifiant :

Mot de passe :

Question secrète :

Notes :

Site web :

Adresse web :

Identifiant :

Mot de passe :

Question secrète :

Notes :

Site web :

Adresse web :

Identifiant :

Mot de passe :

Question secrète :

Notes :

P

Site web :

Adresse web :

Identifiant :

Mot de passe :

Question secrète :

Notes :

Site web :

Adresse web :

Identifiant :

Mot de passe :

Question secrète :

Notes :

Site web :

Adresse web :

Identifiant :

Mot de passe :

Question secrète :

Notes :

P

Site web :

Adresse web :

Identifiant :

Mot de passe :

Question secrète :

Notes :

Site web :

Adresse web :

Identifiant :

Mot de passe :

Question secrète :

Notes :

Site web :

Adresse web :

Identifiant :

Mot de passe :

Question secrète :

Notes :

P

Site web :

Adresse web :

Identifiant :

Mot de passe :

Question secrète :

Notes :

Site web :

Adresse web :

Identifiant :

Mot de passe :

Question secrète :

Notes :

Site web :

Adresse web :

Identifiant :

Mot de passe :

Question secrète :

Notes :

P

Site web :

Adresse web :

Identifiant :

Mot de passe :

Question secrète :

Notes :

Site web :

Adresse web :

Identifiant :

Mot de passe :

Question secrète :

Notes :

Site web :

Adresse web :

Identifiant :

Mot de passe :

Question secrète :

Notes :

Site web :

Adresse web :

Identifiant :

Mot de passe :

Question secrète :

Notes :

Site web :

Adresse web :

Identifiant :

Mot de passe :

Question secrète :

Notes :

Site web :

Adresse web :

Identifiant :

Mot de passe :

Question secrète :

Notes :

Site web :

Adresse web :

Identifiant :

Mot de passe :

Question secrète :

Notes :

Site web :

Adresse web :

Identifiant :

Mot de passe :

Question secrète :

Notes :

Site web :

Adresse web :

Identifiant :

Mot de passe :

Question secrète :

Notes :

Site web :

Adresse web :

Identifiant :

Mot de passe :

Question secrète :

Notes :

Site web :

Adresse web :

Identifiant :

Mot de passe :

Question secrète :

Notes :

Site web :

Adresse web :

Identifiant :

Mot de passe :

Question secrète :

Notes :

Site web :

Adresse web :

Identifiant :

Mot de passe :

Question secrète :

Notes :

Site web :

Adresse web :

Identifiant :

Mot de passe :

Question secrète :

Notes :

Site web :

Adresse web :

Identifiant :

Mot de passe :

Question secrète :

Notes :

R

Site web :

Adresse web :

Identifiant :

Mot de passe :

Question secrète :

Notes :

Site web :

Adresse web :

Identifiant :

Mot de passe :

Question secrète :

Notes :

Site web :

Adresse web :

Identifiant :

Mot de passe :

Question secrète :

Notes :

R

Site web :

Adresse web :

Identifiant :

Mot de passe :

Question secrète :

Notes :

Site web :

Adresse web :

Identifiant :

Mot de passe :

Question secrète :

Notes :

Site web :

Adresse web :

Identifiant :

Mot de passe :

Question secrète :

Notes :

R

Site web :

Adresse web :

Identifiant :

Mot de passe :

Question secrète :

Notes :

Site web :

Adresse web :

Identifiant :

Mot de passe :

Question secrète :

Notes :

Site web :

Adresse web :

Identifiant :

Mot de passe :

Question secrète :

Notes :

R

Site web :

Adresse web :

Identifiant :

Mot de passe :

Question secrète :

Notes :

Site web :

Adresse web :

Identifiant :

Mot de passe :

Question secrète :

Notes :

Site web :

Adresse web :

Identifiant :

Mot de passe :

Question secrète :

Notes :

Site web :

Adresse web :

Identifiant :

Mot de passe :

Question secrète :

Notes :

Site web :

Adresse web :

Identifiant :

Mot de passe :

Question secrète :

Notes :

Site web :

Adresse web :

Identifiant :

Mot de passe :

Question secrète :

Notes :

Site web :

Adresse web :

Identifiant :

Mot de passe :

Question secrète :

Notes :

Site web :

Adresse web :

Identifiant :

Mot de passe :

Question secrète :

Notes :

Site web :

Adresse web :

Identifiant :

Mot de passe :

Question secrète :

Notes :

Site web :

Adresse web :

Identifiant :

Mot de passe :

Question secrète :

Notes :

Site web :

Adresse web :

Identifiant :

Mot de passe :

Question secrète :

Notes :

Site web :

Adresse web :

Identifiant :

Mot de passe :

Question secrète :

Notes :

S

Site web :

Adresse web :

Identifiant :

Mot de passe :

Question secrète :

Notes :

Site web :

Adresse web :

Identifiant :

Mot de passe :

Question secrète :

Notes :

Site web :

Adresse web :

Identifiant :

Mot de passe :

Question secrète :

Notes :

T

Site web :

Adresse web :

Identifiant :

Mot de passe :

Question secrète :

Notes :

Site web :

Adresse web :

Identifiant :

Mot de passe :

Question secrète :

Notes :

Site web :

Adresse web :

Identifiant :

Mot de passe :

Question secrète :

Notes :

T

Site web :

Adresse web :

Identifiant :

Mot de passe :

Question secrète :

Notes :

Site web :

Adresse web :

Identifiant :

Mot de passe :

Question secrète :

Notes :

Site web :

Adresse web :

Identifiant :

Mot de passe :

Question secrète :

Notes :

T

Site web :

Adresse web :

Identifiant :

Mot de passe :

Question secrète :

Notes :

Site web :

Adresse web :

Identifiant :

Mot de passe :

Question secrète :

Notes :

Site web :

Adresse web :

Identifiant :

Mot de passe :

Question secrète :

Notes :

T

Site web :

Adresse web :

Identifiant :

Mot de passe :

Question secrète :

Notes :

Site web :

Adresse web :

Identifiant :

Mot de passe :

Question secrète :

Notes :

Site web :

Adresse web :

Identifiant :

Mot de passe :

Question secrète :

Notes :

U

Site web :

Adresse web :

Identifiant :

Mot de passe :

Question secrète :

Notes :

Site web :

Adresse web :

Identifiant :

Mot de passe :

Question secrète :

Notes :

Site web :

Adresse web :

Identifiant :

Mot de passe :

Question secrète :

Notes :

U

Site web :

Adresse web :

Identifiant :

Mot de passe :

Question secrète :

Notes :

Site web :

Adresse web :

Identifiant :

Mot de passe :

Question secrète :

Notes :

Site web :

Adresse web :

Identifiant :

Mot de passe :

Question secrète :

Notes :

U

Site web :

Adresse web :

Identifiant :

Mot de passe :

Question secrète :

Notes :

Site web :

Adresse web :

Identifiant :

Mot de passe :

Question secrète :

Notes :

Site web :

Adresse web :

Identifiant :

Mot de passe :

Question secrète :

Notes :

U

Site web :

Adresse web :

Identifiant :

Mot de passe :

Question secrète :

Notes :

Site web :

Adresse web :

Identifiant :

Mot de passe :

Question secrète :

Notes :

Site web :

Adresse web :

Identifiant :

Mot de passe :

Question secrète :

Notes :

V

Site web :

Adresse web :

Identifiant :

Mot de passe :

Question secrète :

Notes :

Site web :

Adresse web :

Identifiant :

Mot de passe :

Question secrète :

Notes :

Site web :

Adresse web :

Identifiant :

Mot de passe :

Question secrète :

Notes :

V

Site web :

Adresse web :

Identifiant :

Mot de passe :

Question secrète :

Notes :

Site web :

Adresse web :

Identifiant :

Mot de passe :

Question secrète :

Notes :

Site web :

Adresse web :

Identifiant :

Mot de passe :

Question secrète :

Notes :

V

Site web :

Adresse web :

Identifiant :

Mot de passe :

Question secrète :

Notes :

Site web :

Adresse web :

Identifiant :

Mot de passe :

Question secrète :

Notes :

Site web :

Adresse web :

Identifiant :

Mot de passe :

Question secrète :

Notes :

Site web :

Adresse web :

Identifiant :

Mot de passe :

Question secrète :

Notes :

Site web :

Adresse web :

Identifiant :

Mot de passe :

Question secrète :

Notes :

Site web :

Adresse web :

Identifiant :

Mot de passe :

Question secrète :

Notes :

W

Site web :

Adresse web :

Identifiant :

Mot de passe :

Question secrète :

Notes :

Site web :

Adresse web :

Identifiant :

Mot de passe :

Question secrète :

Notes :

Site web :

Adresse web :

Identifiant :

Mot de passe :

Question secrète :

Notes :

Site web :

Adresse web :

Identifiant :

Mot de passe :

Question secrète :

Notes :

Site web :

Adresse web :

Identifiant :

Mot de passe :

Question secrète :

Notes :

Site web :

Adresse web :

Identifiant :

Mot de passe :

Question secrète :

Notes :

W

Site web :

Adresse web :

Identifiant :

Mot de passe :

Question secrète :

Notes :

Site web :

Adresse web :

Identifiant :

Mot de passe :

Question secrète :

Notes :

Site web :

Adresse web :

Identifiant :

Mot de passe :

Question secrète :

Notes :

Site web :

Adresse web :

Identifiant :

Mot de passe :

Question secrète :

Notes :

Site web :

Adresse web :

Identifiant :

Mot de passe :

Question secrète :

Notes :

Site web :

Adresse web :

Identifiant :

Mot de passe :

Question secrète :

Notes :

Site web :

Adresse web :

Identifiant :

Mot de passe :

Question secrète :

Notes :

Site web :

Adresse web :

Identifiant :

Mot de passe :

Question secrète :

Notes :

Site web :

Adresse web :

Identifiant :

Mot de passe :

Question secrète :

Notes :

Site web :

Adresse web :

Identifiant :

Mot de passe :

Question secrète :

Notes :

Site web :

Adresse web :

Identifiant :

Mot de passe :

Question secrète :

Notes :

Site web :

Adresse web :

Identifiant :

Mot de passe :

Question secrète :

Notes :

Site web :

Adresse web :

Identifiant :

Mot de passe :

Question secrète :

Notes :

Site web :

Adresse web :

Identifiant :

Mot de passe :

Question secrète :

Notes :

Site web :

Adresse web :

Identifiant :

Mot de passe :

Question secrète :

Notes :

Site web :

Adresse web :

Identifiant :

Mot de passe :

Question secrète :

Notes :

Site web :

Adresse web :

Identifiant :

Mot de passe :

Question secrète :

Notes :

Site web :

Adresse web :

Identifiant :

Mot de passe :

Question secrète :

Notes :

Y

Site web :

Adresse web :

Identifiant :

Mot de passe :

Question secrète :

Notes :

Site web :

Adresse web :

Identifiant :

Mot de passe :

Question secrète :

Notes :

Site web :

Adresse web :

Identifiant :

Mot de passe :

Question secrète :

Notes :

Y

Site web :

Adresse web :

Identifiant :

Mot de passe :

Question secrète :

Notes :

Site web :

Adresse web :

Identifiant :

Mot de passe :

Question secrète :

Notes :

Site web :

Adresse web :

Identifiant :

Mot de passe :

Question secrète :

Notes :

Y

Site web :

Adresse web :

Identifiant :

Mot de passe :

Question secrète :

Notes :

Site web :

Adresse web :

Identifiant :

Mot de passe :

Question secrète :

Notes :

Site web :

Adresse web :

Identifiant :

Mot de passe :

Question secrète :

Notes :

Y

Site web :

Adresse web :

Identifiant :

Mot de passe :

Question secrète :

Notes :

Site web :

Adresse web :

Identifiant :

Mot de passe :

Question secrète :

Notes :

Site web :

Adresse web :

Identifiant :

Mot de passe :

Question secrète :

Notes :

Z

Site web :

Adresse web :

Identifiant :

Mot de passe :

Question secrète :

Notes :

Site web :

Adresse web :

Identifiant :

Mot de passe :

Question secrète :

Notes :

Site web :

Adresse web :

Identifiant :

Mot de passe :

Question secrète :

Notes :

Z

Site web :

Adresse web :

Identifiant :

Mot de passe :

Question secrète :

Notes :

Site web :

Adresse web :

Identifiant :

Mot de passe :

Question secrète :

Notes :

Site web :

Adresse web :

Identifiant :

Mot de passe :

Question secrète :

Notes :

Z

Site web :

Adresse web :

Identifiant :

Mot de passe :

Question secrète :

Notes :

Site web :

Adresse web :

Identifiant :

Mot de passe :

Question secrète :

Notes :

Site web :

Adresse web :

Identifiant :

Mot de passe :

Question secrète :

Notes :

Z

Site web :

Adresse web :

Identifiant :

Mot de passe :

Question secrète :

Notes :

Site web :

Adresse web :

Identifiant :

Mot de passe :

Question secrète :

Notes :

Site web :

Adresse web :

Identifiant :

Mot de passe :

Question secrète :

Notes :

Site web :

Adresse web :

Identifiant :

Mot de passe :

Question secrète :

Notes :

Site web :

Adresse web :

Identifiant :

Mot de passe :

Question secrète :

Notes :

Site web :

Adresse web :

Identifiant :

Mot de passe :

Question secrète :

Notes :

Site web :

Adresse web :

Identifiant :

Mot de passe :

Question secrète :

Notes :

Site web :

Adresse web :

Identifiant :

Mot de passe :

Question secrète :

Notes :

Site web :

Adresse web :

Identifiant :

Mot de passe :

Question secrète :

Notes :

Site web :

Adresse web :

Identifiant :

Mot de passe :

Question secrète :

Notes :

Site web :

Adresse web :

Identifiant :

Mot de passe :

Question secrète :

Notes :

Site web :

Adresse web :

Identifiant :

Mot de passe :

Question secrète :

Notes :

Site web :

Adresse web :

Identifiant :

Mot de passe :

Question secrète :

Notes :

Site web :

Adresse web :

Identifiant :

Mot de passe :

Question secrète :

Notes :

Site web :

Adresse web :

Identifiant :

Mot de passe :

Question secrète :

Notes :

Site web :

Adresse web :

Identifiant :

Mot de passe :

Question secrète :

Notes :

Site web :

Adresse web :

Identifiant :

Mot de passe :

Question secrète :

Notes :

Site web :

Adresse web :

Identifiant :

Mot de passe :

Question secrète :

Notes :

Site web :

Adresse web :

Identifiant :

Mot de passe :

Question secrète :

Notes :

Site web :

Adresse web :

Identifiant :

Mot de passe :

Question secrète :

Notes :

Site web :

Adresse web :

Identifiant :

Mot de passe :

Question secrète :

Notes :

Site web :

Adresse web :

Identifiant :

Mot de passe :

Question secrète :

Notes :

Site web :

Adresse web :

Identifiant :

Mot de passe :

Question secrète :

Notes :

Site web :

Adresse web :

Identifiant :

Mot de passe :

Question secrète :

Notes :

Site web :

Adresse web :

Identifiant :

Mot de passe :

Question secrète :

Notes :

Site web :

Adresse web :

Identifiant :

Mot de passe :

Question secrète :

Notes :

Site web :

Adresse web :

Identifiant :

Mot de passe :

Question secrète :

Notes :

Notes

Notes

Notes

Notes

Notes

Printed in France by Amazon
Brétigny-sur-Orge, FR

13996398R00071